세	계		최	고	의		문	자		훈	민	정	음
자	긍	심		계	승	을		위	한				

KB166289

훈민정음
경필쓰기

5급

박재성 엮음
사단법인 훈민정음기념사업회 인증

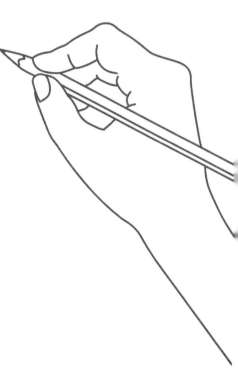

가나북스

훈민정음 경필쓰기(5급)

초판 발행일 | 2024년 1월 30일

지 은 이 | (사)훈민정음기념사업회 인증 / 박재성 엮음
발 행 인 | 배수현
디 자 인 | 김미혜
책임감수 | 김동연
감수위원 | 김노성 박남숙 이수용
편집위원 | 김보영 박화연 홍수연

펴 낸 곳 | 가나북스 www.gnbooks.co.kr
출판등록 | 제393-2009-000012호
주   소 | 경기도 파주시 율곡로 1406
문   의 | (031)959-8833
팩   스 | (031)959-8834

ISBN | 979-11-6446-091-5(13700)

머리말

훈민정음은 대한국인에게 주신 영원한 최고의 선물

사람은 글씨를 통해 마음을 표현하므로 글씨는 마음을 전달하는 수레라고 할 수 있습니다. 따라서 '마음이 바르면 글씨도 바르다[心正則筆正]'라고 합니다. 오만 원권 지폐에서 우리에게 낯익은 신사임당이 만 원권 지폐에서도 만날 수 있는 이율곡에게 전한 말입니다.

예로부터 글씨는 그 사람의 상태를 대변한다고 합니다. 올바른 몸가짐, 겸손하고 정직한 말씨, 바른 글씨체, 공정한 판단력이라는 「신언서판(身言書判)」은 글씨로 마음을 다스릴 수 있는 사람에게 나랏일을 맡겼다는 의미입니다. 그래서 글씨는 의사소통의 도구라고 표현하는데, 우리는 의사소통의 도구 중에 가장 쉽고 간략하여 효과적으로 의사 표현을 할 수 있는 훈민정음을 가지고 있으므로 세계인이 부러워하는 특별한 방법을 갖고 있습니다.

그런데 현대인은 스마트폰과 컴퓨터 생활로 글씨를 쓰는 기회가 점점 사라지고 키보드로 글을 치게 됩니다. 이것은 지구상에 존재하는 생명체 중에 인간만이 누릴 수 있는 글씨 쓰는 특권을 포기하는 것과 마찬가지입니다. 키보드와 마우스가 대세인 젊은 세대일수록 손으로 글씨를 많이 써야 하는 이유이기도 합니다.

이제부터라도 세계인류문화유산인 『훈민정음』을 대한국인이라면 반드시 한 번쯤 직접 써보고 세계 최고의 문자 훈민정음을 보유한 후예로서 자긍심을 가져야 할 것입니다.

훈민정음 창제 580(2024년)

엮은이 **박재성**

글씨 쓰기의 기본

1. 경필(硬단단할 경 · 筆붓 필)

뾰족한 끝을 반으로 가른 얇은 쇠붙이로 만든 촉을 대에 꽂아 잉크를 찍어서 글씨를 쓰는 도구라는 뜻이지만, 동양의 대표적인 필기구인 붓이 부드러운 털로 이루어졌다는 뜻에 대해서 단단한 재료로 만들어진 글씨 쓰는 도구란 의미로 펜, 연필, 철필, 만년필 등을 이른다.

2. 글씨를 잘 쓰는 방법

1) 바른 자세로 글씨 쓰는 습관을 길러야 한다.

2) 경필 글씨 공부는 되도록이면 연필로 쓰는 것이 좋다.

3) 글자의 비율을 맞추면서 크게 써보는 것이 좋다.

4) 모범 글씨를 보고 똑같이 써보려고 노력한다.

5) 반복해서 자꾸 써보는 노력이 가장 중요하다.

3. 펜을 잡는 요령

  1) 펜은 펜대 끝에서 1cm가량 되게 잡는 것이 알맞고, 펜대의 경사도는 45~60°만큼 몸쪽으로 기울어지게 잡는 것이 좋다.

  2) 펜대를 필요 이상으로 힘주어 잡거나, 펜을 너무 기울이거나 세우면 손가락과 손목이 잘 움직이지 못해 운필이 자유롭지 못하게 된다.

  3) 종이 면에 손목을 굳게 붙이면 손가락 끝만으로 쓰게 되므로 손가락 끝이나 손목에 의지하지 말고 팔로 쓰는 듯한 느낌으로 쓴다.

  4) 삐침의 요령은 너무 힘을 들이지 않고 가볍게 가지고 자유로이 손을 움직이게 하여야 한다.

  5) 반흘림이나 흘림이면 펜대를 점점 높이 잡는 것이 글씨 쓰기 좋다.

이 책의 다섯가지 특징

하나. 훈민정음을 배울 수 있습니다.

이 책은 문화체육관광부 소관 사단법인 훈민정음기념사업회가 『훈민정음』을 바르게 알리기 위해서 심혈을 기울여 현대에 맞게 국민 누구나 쉽게 익힐 수 있도록 편집하였습니다.

둘. 문자 강국의 자긍심을 느낄 수 있습니다.

이 책은 전 세계에 존재하는 70여 개의 문자 중에서 유일하게 창제자 · 창제연도 · 창제원리를 알 수 있는 독창성과 창작성으로 유네스코에 인류문화 유산으로 등재되어 세계에서 가장 우수한 문자로 인정받는 위대한 문자 『훈민정음』을 보유한 문자 강국의 자긍심을 느낄 수 있도록 편집하였습니다.

셋. 우리 글자 2,350자를 알 수 있습니다.

이 책은 우리 글자 2,350자를 전부 써 볼 수 있도록 편집하였습니다.

넷. 글씨를 예쁘게 쓸 수 있습니다.

이 책은 스마트폰과 컴퓨터 생활로 글씨를 쓰는 기회가 점점 사라지는 현대인에게 마음을 표현할 수 있는 예쁜 글씨를 써볼 수 있도록 편집하였습니다.

다섯. 일석이조의 효과를 얻을 수 있습니다.

이 책은 글씨를 바르게 익히는 것은 물론, 사단법인 훈민정음기념사업회가 시행하는 〈훈민정음 경필쓰기 검정〉 5급에도 응시할 수 있는 일석이조의 효과를 얻을 수 있도록 편집하였습니다.

목차

훈민정음 **5**급

낱자 쓰기
기본

❀ 낱자자음(닿소리) 쓰기

　훈민정음 궁서체 정자 쓰기의 가장 중요한 기본은 대체로 부드럽게 쓰면서 곱고 바르게 그어 내려가며 끝은 가늘고 자연스럽게 써야 한다. 그래서 정자 쓰기의 생명은 세로획을 바르게 쓰는 것이다.

ㄱ	○표 부분에 약간 모를 죽이면서 똑바로 내려긋는다 ※ㅗ, ㅛ, ㅜ, ㅠ, ㅡ의 초성과 받침에 쓴다.				
ㄱ　ㄱ					
ㄱ	○표 부분을 주의하며 점획을 찍는 기분으로 들어 쓴다. ※ㅏ, ㅑ, ㅓ, ㅕ, ㅣ앞 초성에 쓴다.				
ㄱ　ㄱ					
ㄴ	경필을 대고 허리를 굽히다가 왼쪽으로 거슬러 접고 끝을 가볍게 쓴다.				
ㄴ　ㄴ					
ㄴ	○표의 끝부분을 약간 쳐드는 기분으로 쓴다.				
ㄴ					

✿ 낱자자음(닿소리) 쓰기

ㄷ	2의 끝이 1보다 길어지지 않도록 하고 1과 2의 시작하는 곳을 떨어지지 않게 쓴다.					
ㄷ						
ㄷ	1은 짧게 약간 쳐드는 기분으로 쓰고 ○표 부분은 살짝 붙이되 2는 ㄴ처럼 쓴다.					
ㄷ						
ㄹ	ㄱ에 ㄷ을 합한 것으로 1과 2와 3의 가로획은 ○표 부분의 공간이 고르도록 쓴다.					
ㄹ						
ㄹ	ㄱ에 두 번째 ㄷ을 쓰는 법과 같이 쓰되 가로획은 ○표 부분의 공간이 고르도록 쓴다.					
ㄹ						
ㅁ	1과 2의 앞부분은 붙지 않게 쓰고 ○표 부분이 모나지 않게 하며 아래를 좁히지 않게 쓴다.					
ㅁ						

✿ 낱자자음(닿소리) 쓰기

ㅂ						
	1→2→3→4의 순서대로 쓰도록 주의하고 아래가 좁아지지 않게 쓴다.					
ㅂ						
ㅅ	1은 왼쪽 옆으로 삐치고 2는 끝부분에 힘을 주어 멈춘다.					
ㅅ						
ㅅ	1은 왼쪽 옆으로 삐치고 2는 약간 수직으로 내려 쓴다. ※ㅓ와 ㅕ의 초성(첫소리)에 쓴다.					
ㅅ						
ㅈ	1→2→3의 순서대로 쓰되 중심을 잘 맞추고 ○표 부분의 조화를 이루도록 쓴다.					
ㅈ						
ㅈ	1의 가로획이 다르고 2와 3은 ㅅ과 같이 중심을 맞추어 쓴다. ※ㅓ와 ㅕ의 초성(첫소리)에 쓴다.					
ㅈ						

❀ 낱자자음(닿소리) 쓰기

ㅊ	1의 점획은 2의 중심선에 오른쪽 아래로 긋고 2부터 4까지는 ㅈ과 같이 쓴다.				
ㅊ					
ㅊ	1의 점획은 2의 중심선에 오른쪽 아래로 긋고 ㅅ과 ㅈ쓰기와 같다. ※ㅓ와 ㅕ의 초성에 쓴다.				
ㅊ					
ㅋ	1은 ㄱ과 같은 방법과 같게 쓰되 2의 획은 위치를 주의하여 쓴다. ㅗ, ㅛ, ㅜ, ㅠ, ㅡ의 초성이나 받침에 쓴다.				
ㅋ					
ㅋ	1은 ㄱ과 같은 방법으로 쓰되 2의 획을 오른쪽 위로 향하듯이 쓴다. ※ㅏ, ㅑ, ㅓ, ㅕ, ㅣ 왼쪽에 쓴다.				
ㅋ					
ㅌ	1→2→3의 순서대로 쓰되 가로획의 사이 ○표 부분이 고르게 쓴다. ㅗ, ㅛ, ㅜ, ㅠ, ㅡ의 초성이나 받침에 쓴다.				
ㅌ					

✿ 낱자자음(닿소리) – 겹낱자(겹닿소리) 쓰기

ㅌ	1과 2의 사이 ○표 부분보다 2와 3의 ○표 부분을 더 넓게 쓴다. ※ㅏ, ㅑ, ㅣ의 왼쪽에 쓴다.					
ㅌ						
ㅍ	점선을 잘 보고 균형을 잡는다. ○표 부분이 붙지 않도록 1은 4보다 약간 짧게 쓴다.					
ㅍ						
ㅍ	1의 획은 약간 위로 휘듯이 쓴다. 4의 획은 약간 올려 쓴다. ※ㅏ, ㅑ, ㅣ의 왼쪽에 쓴다.					
ㅍ						
ㅎ	○표 부분의 공간을 고르게 잡아 쓴다.					
ㅎ						
ㄲ	앞의 1은 작게 약간 ㄱ을 변화시키고 2는 조금 크게 쓴다. ※ㅗ, ㅛ의 위에 쓴다.					
ㄲ						

✿ 겹낱자(겹닿소리) 쓰기

ㄲ	앞의 1은 작게 쓰고 2는 조금 더 크게 쓴다. ※ㅏ, ㅑ, ㅓ, ㅕ, ㅣ의 왼쪽에 쓴다.				
ㄲ					
ㄸ	앞의 ㄷ은 작게 쓰고 뒤의 ㄷ은 조금 더 크게 쓴다. ※ㅏ, ㅑ, ㅣ의 왼쪽에 쓴다.				
ㄸ					
ㅃ	앞의 ㅂ보다 뒤의 ㅂ을 조금 더 크게 쓴다. ※첫소리나 받침 등 모든 모음에 쓴다.				
ㅃ					
ㅆ	앞의 ㅅ보다 뒤의 ㅅ을 조금 더 크게 쓴다. ※ㅏ, ㅑ, ㅗ, ㅛ, ㅜ, ㅠ, ㅣ에 쓴다.				
ㅆ					
ㄶ	ㄴ을 위로 삐치고 ㄴ과 ㅎ을 반반씩 나누어 쓴다. ※받침에 쓴다.				
ㄶ					

✤ 낱자모음(홀소리) 쓰기

ㅏ	2의 점획은 1의 중간보다 약간 아래에서 수평의 방향으로 긋는다.							
ㅏ								
ㅑ	2의 점획은 1의 중간 지점에 3의 점획은 나머지 길이의 ½ 지점에 찍는다.							
ㅑ								
ㅓ	1의 점획은 2번 ㅣ획의 중간에 위치하도록 약간 위를 향하듯이 쓴다.							
ㅓ								
ㅕ	1과 2의 점획은 3번 ㅣ획을 3등분한 위치에 찍는다.							
ㅕ								
ㅗ	1의 점획은 2의 중심에서 시작하되 마무리는 중심보다 약간 오른쪽을 향하여 찍는다.							
ㅗ								

✿ 낱자모음(홀소리) 쓰기

ㅛ	1과 2의 점획은 서로 평행의 느낌으로 주고 1은 2보다 짧게 긋는다.					
ㅛ						
ㅜ	1의 가로획을 3등분해서 2의 획은 앞에서 약 ⅔ 정도에서 내려긋는다.					
ㅜ						
ㅠ	2와 3의 점획은 1의 가로획을 3등분한 위치에 쓰고 1은 2보다 약간 짧게 왼쪽으로 긋는다.					
ㅠ						
ㅡ	경필을 약간 위쪽으로 부드럽게 달리며 ○표시된 끝부분은 눌러 떼는 기분으로 쓴다.					
ㅡ						
ㅣ	ㅣ는 수직으로 바르게 내려가면서 끝을 가늘게 들어 쓴다.					
ㅣ						

❀ 낱자모음(홀소리) 쓰기

ㅐ	1과 3의 세로획은 똑바로 내려 긋고 2의 가로획은 1과 3의 중간 위치에 긋는다.						
ㅐ							
ㅔ	1을 먼저 중간 부분에 약간 올리듯이 쓰고 2와 3의 세로획은 똑바로 내려긋는다.						
ㅔ							
ㅚ	1의 점획은 2의 가로획 ⅓ 지점에 내리긋고 2획은 3획의 중간에 붙여 쓴다.						
ㅚ							
ㅟ	1은 끝을 가벼이 들며 3의 중간 부분에 위치하도록 붙여 쓰고, 2는 1의 중간 부분에 쓴다.						
ㅟ							
ㅖ	ㅜ와 ㅔ가 붙지 않게 쓰고 2획은 1획의 중간부분에서 약간 왼쪽으로 가볍게 쓴다.						
ㅖ							

훈민정음 경필 쓰기 검정 요강

세계 최고의 문자인 훈민정음을 보유한 문자 강국의 자긍심 계승을 위한 범국민 훈민정음 쓰기 운동으로 《훈민정음 경필 쓰기 검정》을 시행함.

1. **자격명칭** : 훈민정음 경필쓰기 검정
2. **자격종류** : 등록(비공인) 민간자격(제2022-002214호)
3. **자격등급** : 사범, 특급, 1급, 2급, 3급, 4급, 5급, 6급, 7급, 8급
4. **발급기관** : 사단법인 훈민정음기념사업회(문화체육관광부 소관 제2021-0007호)
5. **검정일정** : 매월 실시

검정 응시 접수기간	심사기간	합격자발표	자격증 교부기간
매월 첫째주 월~금	매월 둘째주	매월 셋째주 월	매월 넷째주 월~금

6. **검정방법** : 응시 희망 등급의 『훈민정음경필쓰기』검정용 원고에 경필(펜, 연필, 볼펜 등)으로 써서 (사)훈민정음기념사업회로 우편 혹은 택배로 접수시키면 됨.

7. **응시자격** : • 나이, 학력, 국적, 성별과는 무관하게 누구나 응시 가능.
　　　　　　　 • 단, 사범 응시자는 특급 합격자에 한하여 응시할 수 있음.

8. **검정 범위 응시료 및 합격기준** :

급수	검정범위	응시료	합격기준
사범	훈민정음 해례본 전체	55,000원	총점의 70점 이상 취득자
특급	훈민정음 해례본 중 정인지 서문	45,000원	
1급	훈민정음 해례본 중 어제서문과 예의편	35,000원	
2급	훈민정음 언해본 중 예의편	25,000원	검정기준 총점의 60점 이상 취득자
3급	훈민정음 언해본 중 어제서문	20,000원	
4급	옛시조 28개 문장 중에서 응시자가 한 개의 시조를 선택	15,000원	
5급	2,350개의 낱자 중에서 응시자가 200자를 선택하되 중복되지 않은 연속된 글자		
6급	훈민정음 옛글자체 낱말 50개	10,000원	
7급	훈민정음 옛글자체 낱글자 80자		
8급	훈민정음 옛글자체 자모음 28자		

9. **검정기준** : • 쓰기 25점(필기규범 15점, 오자 유무 10점)
　　　　　　　 • 필획 25점(필법의 정확성 15점, 필획의 유연성 10점)
　　　　　　　 • 결구 25점(균형 15점, 조화 10점)
　　　　　　　 • 창의 25점(서체의 창의성 10점, 전체의 통일성 15점)

10. **시상기준**

시상종류	급수	시상자 선발 기준	시상내용
훈민정음대상	사범에 한함	90점 이상자 중 최고 득점자	매년 1회 훈민정음창제일(1월 28일) 발표하며 훈민정음대상 및 장원급제의 장학금과 장원상 및 아원상, 최고상의 상품은 훈민정음 평가원의 심의를 거쳐 정함.
장원급제	특급에 한함	90점 이상자 중 최고 득점자	
장원	1급	90점 이상자 중 최고 득점자	
아원	2급	90점 이상자 중 최고 득점자	
최고상	1급~8급	85점~89점 득점자 중 최고 득점자	
우수상	1급~8급	80점~84점 득점자 중 최고 득점자	
장려상	1급~8급	75점~79점 득점자 중 최고 득점자	

※ 훈민정음 대상 및 장원급제자의 장학증서와 장학금은 초·중·고생에 한함.

11. **응시회비입금처** : 새마을금고 9002-1998-5051-9(사단법인 훈민정음기념사업회)

12. **응시료 환불 규정** : 1) 접수 기간 내 ~ 접수 마감 후 7일까지 ☞ 100% 환급
　　　　　　　　　　　 2) 접수 마감 8일 ~ 14일까지 ☞ 50% 환급
　　　　　　　　　　　 3) 접수 마감 15일 ~ 검정 당일까지 ☞ 환급 불가

13. **검정원고접수처** : (16978) 용인특례시 기흥구 강남동로 6, 401호(그랜드프라자)

문화체육관광부 소관 제2021-0007호
사단법인 훈민정음기념사업회

Tel. 031-287-0225
E-mail : hmju119@naver.com
www.hoonminjeongeum.kr

ㄱ 관련 글자 쓰기

ㄴ 관련 글자 쓰기

ㄷ 관련 글자 쓰기

ㄹ 관련 글자 쓰기

ㅁ 관련 글자 쓰기

ㅂ 관련 글자 쓰기

ㅅ 관련 글자 쓰기

ㅇ 관련 글자 쓰기

ㅈ 관련 글자 쓰기

ㅊ 관련 글자 쓰기

ㅋ 관련 글자 쓰기

ㅌ 관련 글자 쓰기

ㅍ 관련 글자 쓰기

ㅎ 관련 글자 쓰기

ㄱ 관련 글자 쓰기

가	가		잤	잤		갬	갬	
각	각		강	강		갭	갭	
간	간		갖	갖		갯	갯	
갇	갇		갗	갗		갰	갰	
갈	갈		같	같		갱	갱	
갉	갉		갚	갚		갸	갸	
갊	갊		갛	갛		갹	갹	
감	감		개	개		갼	갼	
갑	갑		객	객		갿	갿	
값	값		갠	갠		갓	갓	
갓	갓		갤	갤		걍	걍	

갸	갸		것	것		겹	겹	
갼	갼		겄	겄		겟	겟	
걀	걀		겅	겅		겠	겠	
거	거		겆	겆		겡	겡	
걱	걱		겉	겉		겨	겨	
건	건		겲	겲		격	격	
걷	걷		겋	겋		겪	겪	
걸	걸		게	게		견	견	
겖	겖		겐	겐		겯	겯	
겁	겁		겔	겔		결	결	
겂	겂		겜	겜		겸	겸	

	겹	겹		곡	곡		곳	곳	
	겄	겄		곤	곤		곽	곽	
	겼	겼		곧	곧		곽	곽	
	겅	겅		골	골		관	관	
	곁	곁		곪	곪		괄	괄	
	계	계		곬	곬		곫	곫	
	곈	곈		곯	곯		괌	괌	
	곌	곌		곰	곰		괍	괍	
	곕	곕		곱	곱		괏	괏	
	곗	곗		곳	곳		광	광	
	고	고		공	공		괘	괘	

괜	괜		굇	굇		굴	굴	
괼	괼		굉	굉		긁	긁	
괍	괍		고	고		긂	긂	
괬	괬		곤	곤		긇	긇	
광	광		골	골		굽	굽	
과	과		곱	곱		굿	굿	
괵	괵		곳	곳		궁	궁	
괸	괸		구	구		궂	궂	
괼	괼		국	국		귀	귀	
굄	굄		군	군		궉		
굅	굅							

ㄱ 관련 글자 쓰기

췬	췬		첩	첩		금	금	
쳘	쳘		젗	젗		급	급	
쳤	쳤		규	규		긋	긋	
쳥	쳥		쥰	쥰		긍	긍	
쳬	쳬		쥴	쥴		긔	긔	
쳿	쳿		그	그		기	기	
쿼	쿼		극	극		긱	긱	
쿽	쿽		근	근		긴	긴	
퀀	퀀		글	글		길	길	
퀄	퀄		긂	긂		긿	긿	
쳠	쳠		긐	긐		긿		

김	김		깖	깖		깸	깸	
깁	깁		깜	깜		깹	깹	
깃	깃		깝	깝		깻	깻	
깅	깅		깟	깟		깼	깼	
깆	깆		깠	깠		깽	깽	
깊	깊		깡	깡		꺄	꺄	
까	까		깥	깥		꺅	꺅	
깍	깍		깨	깨		꺌	꺌	
깎	깎		깩	깩		꺼	꺼	
깐	깐		깬	깬		꺽	꺽	
깔	깔		깰	깰		꺾	꺾	

ㄱ 관련 글자 쓰기

껀	껀		껫	껫		꼰	꼰	
껄	껄		껑	껑		꼭	꼭	
껌	껌		껴	껴		꼴	꼴	
껍	껍		껸	껸		꼼	꼼	
껏	껏		껼	껼		꼽	꼽	
껐	껐		껷	껷		꼿	꼿	
껑	껑		껐	껐		꽁	꽁	
께	께		꼍	꼍		꽂	꽂	
껙	껙		꼐	꼐		꽃	꽃	
껜	껜		꼬	꼬		꽉	꽉	
껨	껨		꼭	꼭		꽉	꽉	

훈민정음 5급 글자 모두 쓰기

꿜	꿜		꾕	꾕		꾳	꾳	
꽜	꽜		꼬	꼬		꿔	꿔	
꽝	꽝		꾸	꾸		꿜	꿜	
꽤	꽤		꾹	꾹		꿨	꿨	
꽥	꽥		꾼	꾼		꿩	꿩	
꽹	꽹		꿀	꿀		꿰	꿰	
꼬	꼬		꿇	꿇		꿱	꿱	
꾄	꾄		꿈	꿈		꿴	꿴	
꾈	꾈		꿉	꿉		꿸	꿸	
꾐	꾐		꿋	꿋		꿹	꿹	
꾑	꾑		꿍	꿍		꿼	꿼	

꿨	꿨		끌	끌		낄	낄	
꿰	꿰		끎	끎		낌	낌	
꿴	꿴		끓	끓		낍	낍	
꿸	꿸		끔	끔		낏	낏	
꿻	꿻		끕	끕		낑	낑	
꿼	꿼		끗	끗		나	나	
뀨	뀨		끙	끙		낙	낙	
끄	끄		끝	끝		낚	낚	
끅	끅		끼	끼		난	난	
끈	끈		끽	끽		낟	낟	
끊	끊		낀	낀		날	날	

넋	넋		네	네		난	난	
넓	넓		넉	넉		날	날	
넙	넙		넌	넌		남	남	
넙	넙		널	널		냥	냥	
넛	넛		넘	넘		너	너	
넜	넜		넙	넙		넉	넉	
녕	녕		넛	넛		넜	넜	
넞	넞		넜	넜		넌	넌	
넡	넡		넝	넝		널	널	
넝	넝		냐	냐		넒	넒	
			낙	낙		넓	넓	

넘 넙 넛 넜 넝 넹 네 넥 넨 넬 넴

넙 넷 넸 넹 녀 녁 년 녈 념 녑 녔

녕 녘 녜 녠 노 녹 논 놀 놂 놈 놉

놋	놋		뇝	뇝		뉵	뉵	
농	농		뇹	뇹		눈	눈	
뇨	뇨		뇟	뇟		눈	눈	
놓	놓		뇨	뇨		뉻	뉻	
놔	놔		뇩	뇩		뉸	뉸	
뇐	뇐		논	논		늅	늅	
뇔	뇔		뇰	뇰		늣	늣	
놨	놨		뇹	뇹		늉	늉	
뇌	뇌		눗	눗		눠	눠	
뇐	뇐		뇽	뇽		눴	눴	
뇔	뇔		누	누		눼		

ㄴ 관련 글자 쓰기

닛	닛		닮	닮		댁	댁	
닝	닝		닳	닳		댄	댄	
닙	닙		담	담		댈	댈	
다	다		답	답		댐	댐	
닥	닥		닷	닷		댑	댑	
닦	닦		닸	닸		댓	댓	
단	단		당	당		댔	댔	
달	달		닻	닻		댕	댕	
달	달		닻	닻		댜	댜	
닭	닭		닿	닿		더	더	
닮	닮		대	대		덕	덕	

덖	덖		덮	덮		뎐	뎐	
뎐	뎐		데	데		뎔	뎔	
뎥	뎥		덱	덱		뎠	뎠	
덜	덜		덴	덴		뎡	뎡	
덞	덞		델	델		뎨	뎨	
덟	덟		뎀	뎀		뎬	뎬	
덤	덤		뎁	뎁		도	도	
덥	덥		뎃	뎃		독	독	
덧	덧		뎄	뎄		돈	돈	
덩	덩		뎅	뎅		돌	돌	
덫	덫		뎌	뎌				

듐	듐		돼	돼		둔	둔
듗	듗		됐	됐		둘	둘
듑	듑		되	되		둠	둠
듧	듧		된	된		둡	둡
듯	듯		될	될		둣	둣
듕	듕		됩	됩		둥	둥
듗	듗		됩	됩		뒤	뒤
듩	듩		됫	됫		뒀	뒀
되	되		됴	됴		뒈	뒈
된	된		두	두		뒝	뒝
될	될		둑	둑		뒤	뒤

ㄷ 관련 글자 쓰기

뒨	뒨		득	득		딕	딕	
뒬	뒬		든	든		딘	딘	
뒵	뒵		들	들		딛	딛	
뒷	뒷		듦	듦		딜	딜	
뒹	뒹		듬	듬		딤	딤	
두	두		듭	듭		딥	딥	
둔	둔		듯	듯		딧	딧	
둘	둘		등	등		딨	딨	
둠	둠		듸	듸		딩	딩	
둥	둥		디	디		딪	딪	
드	드					따	따	

🄲 관련 글자 쓰기

딱	딱		땐	땐		뗆	뗆	
딴	딴		땔	땔		뗊	뗊	
딸	딸		땜	땜		떱	떱	
땀	땀		땝	땝		떱	떱	
땁	땁		땟	땟		떳	떳	
땃	땃		땠	땠		떴	떴	
땄	땄		땡	땡		떵	떵	
땅	땅		떠	떠		뗑	뗑	
땋	땋		떡	떡		떼	떼	
때	때		떤	떤		떽	떽	
땍	땍		떨	떨		뗀	뗀	

뗄	뗄		똘	똘		뚱	뚱	
뗌	뗌		뚱	뚱		뚬	뚬	
뗍	뗍		따	따		뚱	뚱	
뗏	뗏		딸	딸		뛔	뛔	
뗐	뗐		뙈	뙈		뛰	뛰	
뗑	뗑		띠	띠		뛴	뛴	
떠	떠		뛴	뛴		뗠	뗠	
떴	떴		뚜	뚜		뗨	뗨	
또	또		뚝	뚝		뗩	뗩	
똑	똑		뚠	뚠		뚱	뚱	
뚠	뚠		뚤	뚤		뜨	뜨	

뚝	뚝		떱	떱		랄	랄	
뜬	뜬		떠	떠		랍	랍	
뜯	뜯		띤	띤		랍	랍	
뜰	뜰		띨	띨		랏	랏	
뜸	뜸		떰	떰		랐	랐	
뜹	뜹		띱	띱		랑	랑	
뜻	뜻		떳	떳		랒	랒	
띄	띄		띵	띵		랖	랖	
띤	띤		라	라		랗	랗	
띨	띨		락	락		래	래	
띰	띰		란	란		랙	랙	

ㄹ 관련 글자 쓰기

랜	랜		랑	랑		레	레	
랠	랠		러	러		렉	렉	
램	램		력	력		렌	렌	
랩	랩		런	런		렐	렐	
랫	랫		럴	럴		렘	렘	
랬	랬		럼	럼		렙	렙	
랭	랭		럽	럽		렛	렛	
랴	랴		럿	럿		렝	렝	
략	략		렀	렀		려	려	
랸	랸		렁	렁		력	력	
럇	럇		렇	렇		련	련	

ㄹ 관련 글자 쓰기

	렬		록			뢰	
	렴		론			뢴	
	렵		롤			룈	
	렷		롬			룁	
	렸		롭			룁	
	령		롯			룃	
	례		롱			룅	
	렌		뢰			료	
	렙		뢴			론	
	렛		룅			롤	
	로		뢨			룁	

ㄹ 관련 글자 쓰기

롲	롲		뤘	뤘		륜	륜	
룡	룡		뤠	뤠		률	률	
루	루		뤼	뤼		륨	륨	
룩	룩		뤽	뤽		륩	륩	
룬	룬		뤈	뤈		륫	륫	
룰	룰		뤌	뤌		룽	룽	
룸	룸		뤔	뤔		르	르	
룹	룹		뤗	뤗		륵	륵	
룻	룻		뤙	뤙		른	른	
룽	룽		류	류		를	를	
뤄	뤄		륙	륙		름	름	

릅	릅		립	립		맘	맘
릇	릇		릿	릿		맙	맙
롱	롱		링	링		맛	맛
룻	룻		마	마		망	망
릍	릍		막	막		맞	맞
룝	룝		만	만		맡	맡
리	리		망	망		맗	맗
릭	릭		맏	맏		매	매
린	린		말	말		맥	맥
릴	릴		맑	맑		맨	맨
립	립		맒	맒		맬	맬

맴	맴		먹	먹		멕	멕	
맵	맵		먼	먼		멘	멘	
맷	맷		멀	멀		멜	멜	
맸	맸		멂	멂		멤	멤	
맹	맹		멈	멈		멥	멥	
맺	맺		멉	멉		멧	멧	
먀	먀		멋	멋		멨	멨	
먁	먁		멍	멍		멩	멩	
먈	먈		멎	멎		며	며	
먕	먕		멓	멓		먁	먁	
머	머		메	메		면	면	

멸	멸		묪	묪		믤	믤	
멋	멋		뫔	뫔		뵙	뵙	
몄	몄		뫔	뫔		묏	묏	
몡	몡		못	못		뾩	뾩	
몢	몢		뫙	뫙		묘	묘	
몌	몌		뫄	뫄		묜	묜	
모	모		묀	묀		묠	묠	
목	목		뫘	뫘		묩	묩	
몫	몫		뫙	뫙		묫	묫	
몬	몬		묍	묍		무	무	
볼	볼		묀	묀		묵	묵	

🔳 관련 글자 쓰기

뭄	뭄		뭉	뭉		뭔	뭔	
문	문		뭐	뭐		뭘	뭘	
묻	묻		뭔	뭔		뭄	뭄	
물	물		뭘	뭘		뭇	뭇	
묽	묽		뭡	뭡		므	므	
뭄	뭄		뭣	뭣		믄	믄	
뭅	뭅		뭬	뭬		믈	믈	
뭇	뭇		뮈	뮈		믐	믐	
뭉	뭉		뮌	뮌		믓	믓	
뭍	뭍		뮐	뮐		미	미	
			뮤	뮤		믹	믹	

민	민		바	바		밥	밥	
믿	믿		박	박		밧	밧	
밀	밀		밖	밖		방	방	
믊	믊		밧	밧		밭	밭	
밈	밈		반	반		배	배	
밉	밉		받	받		백	백	
밋	밋		발	발		밴	밴	
밌	밌		밝	밝		밸	밸	
밍	밍		밟	밟		뱀	뱀	
및	및		밡	밡		뱁	뱁	
밑	밑		밤	밤		뱃	뱃	

ㅂ 관련 글자 쓰기

뱄	뱄		벌	벌		벨	벨	
뱅	뱅		벎	벎		벰	벰	
뱉	뱉		범	범		법	법	
뱌	뱌		법	법		벳	벳	
뱍	뱍		벗	벗		벴	벴	
뱐	뱐		벙	벙		벵	벵	
뱝	뱝		벗	벗		벼	벼	
버	버		베	베		벽	벽	
벅	벅		벽	벽		변	변	
번	번		벤	벤		별	별	
벋	벋		벤	벤		볍	볍	

ㅂ 관련 글자 쓰기

멋	멋		봄	봄		뷘	뷘	
몄	몄		봅	봅		뷜	뷜	
몡	몡		봇	봇		뵘	뵘	
몉	몉		봉	봉		뵙	뵙	
볘	볘		봐	봐		뵤	뵤	
볜	볜		봔	봔		뵨	뵨	
보	보		봤	봤		부	부	
복	복		뵈	뵈		북	북	
볶	볶		봤	봤		분	분	
본	본		뵈	뵈		불	불	
볼	볼		뵉	뵉				

ㅂ 관련 글자 쓰기

붉	붉		붸	붸		붕	붕	
붊	붊		뷔	뷔		비	비	
붐	붐		뷕	뷕		붂	붂	
붒	붒		뮌	뮌		븐	븐	
붓	붓		뷜	뷜		블	블	
붕	붕		뷍	뷍		븜	븜	
붙	붙		뷰	뷰		붚	붚	
붚	붚		붠	붠		붓	붓	
뭐	뭐		붛	붛		비	비	
뭘	뭘		붐	붐		빅	빅	
뭤	뭤		붓	붓		빈	빈	

빌	빌		빨	빨		뺄	뺄	
빔	빔		뽐	뽐		뺌	뺌	
빕	빕		빰	빰		뺍	뺍	
빕	빕		빱	빱		뺏	뺏	
빗	빗		빳	빳		뺐	뺐	
빙	빙		빴	빴		뺑	뺑	
빛	빛		빵	빵		뺘	뺘	
빚	빚		빻	빻		뺙	뺙	
빠	빠		빼	빼		뺨	뺨	
빡	빡		빽	빽		뻐	뻐	
빤	빤		뺀	뺀		뻑	뻑	

ㅂ 관련 글자 쓰기

뻔	뻔		뻡	뻡		뽕	뽕	
뻗	뻗		뻣	뻣		뾔	뾔	
뻘	뻘		뻤	뻤		뾰	뾰	
뻠	뻠		뺐	뺐		뿅	뿅	
뻣	뻣		뺑	뺑		뿌	뿌	
뻤	뻤		뾰	뾰		뿍	뿍	
뺑	뺑		뿍	뿍		뿐	뿐	
뼤	뼤		뿐	뿐		뿔	뿔	
뼹	뼹		뿔	뿔		뿜	뿜	
뼈	뼈		뿜	뿜		뿟	뿟	
뼉	뼉		뿝	뿝		뿡	뿡	

뿌	뿌		뺌	뺌		삶	삶	
뿡	뿡		뻡	뻡		삼	삼	
쁘	쁘		뻿	뻿		삽	삽	
쁜	쁜		삥	삥		삿	삿	
쁠	쁠		사	사		샀	샀	
쁨	쁨		삭	삭		상	상	
쁩	쁩		샀	샀		샅	샅	
삐	삐		산	산		새	새	
삑	삑		삳	삳		색	색	
삔	삔		살	살		샌	샌	
삘	삘		삵	삵		샐	샐	

ㅅ 관련 글자 쓰기

샘	샘		샷	샷		선	선	
샙	샙		샹	샹		섣	섣	
샛	샛		셔	셔		설	설	
샜	샜		션	션		섦	섦	
생	생		셜	셜		섧	섧	
샤	샤		셤	셤		섬	섬	
샥	샥		셩	셩		섭	섭	
샨	샨		서	서		섯	섯	
샬	샬		석	석		섰	섰	
샴	샴		섞	섞		성	성	
샵	샵		섟	섟		섶	섶	

세	세		션	션		소	소
섹	섹		셜	셜		속	속
센	센		셤	셤		슉	슉
셀	셀		셥	셥		손	손
셈	셈		셧	셧		솔	솔
셉	셉		셨	셨		숌	숌
셋	셋		셩	셩		솜	솜
셌	셌		셰	셰		숍	숍
셍	셍		셴	셴		숏	숏
셔	셔		셸	셸		송	송
셕	셕		셍	셍		솥	솥

人 관련 글자 쓰기

쇠	쇠		쇠	쇠		숍	숍	
쏙	쏙		쉰	쉰		숏	숏	
쏸	쏸		쉴	쉴		숑	숑	
쏼	쏼		쉼	쉼		수	수	
쏭	쏭		쉽	쉽		숙	숙	
쐐	쐐		씻	씻		순	순	
쐔	쐔		쇼	쇼		숨	숨	
쐴	쐴		속	속		술	술	
쐼	쐼		손	손		숩	숩	
쐿	쐿		솔	솔		숨	숨	
쐤	쐤		솜	솜		숫	숫	

승			쳉			슐		
숯			쉬			슘		
숱			쉭			슛		
숲			쉰			슝		
쉬			쉴			스		
쉈			쉼			슥		
쉐			쉽			슨		
쉑			쉿			슬		
쉔			슁			슭		
쉘			슈			슴		
쉠			슉			습		

ㅅ 관련 글자 쓰기

숫	숫		싱	싱		쌀	쌀	
승	승		싶	싶		쌔	쌔	
시	시		싸	싸		쌕	쌕	
식	식		싹	싹		쌘	쌘	
신	신		쌌	쌌		쌜	쌜	
싣	싣		싼	싼		쌤	쌤	
실	실		쌀	쌀		쌥	쌥	
싫	싫		쌈	쌈		쌨	쌨	
심	심		쌉	쌉		쌩	쌩	
십	십		쌌	쌌		쌍	쌍	
싯	싯		쌩	쌩		써	써	

썩	썩		쏀	쏀		쏵	쏵	
썬	썬		쏘	쏘		쏸	쏸	
썰	썰		쏙	쏙		쏬	쏬	
썲	썲		쏜	쏜		쐬	쐬	
썸	썸		쏟	쏟		쐤	쐤	
썹	썹		쏠	쏠		쐬	쐬	
썼	썼		쏢	쏢		쏀	쏀	
썽	썽		쏨	쏨		쐴	쐴	
쎄	쎄		쏩	쏩		쐽	쐽	
쎈	쎈		쏭	쏭		쐡	쐡	
쎌	쎌		쏴	쏴		쑈	쑈	

ㅅ 관련 글자 쓰기

쑤	쑤		쒼	쒼		씐	씐	
쑥	쑥		쑿	쑿		씰	씰	
쑨	쑨		쓰	쓰		씸	씸	
쑬	쑬		쓱	쓱		씨	씨	
쑴	쑴		쓴	쓴		씩	씩	
쑵	쑵		쓸	쓸		씬	씬	
쑹	쑹		쓺	쓺		씰	씰	
쒀	쒀		쓻	쓻		씸	씸	
쒰	쒰		씁	씁		씹	씹	
쒜	쒜		씂	씂		씻	씻	
쒸	쒸		씌	씌		씽	씽	

아	아		앗	앗		앳	앳	
악	악		았	았		앴	앴	
안	안		앙	앙		앵	앵	
앉	앉		앝	앝		야	야	
않	않		앞	앞		약	약	
알	알		애	애		얀	얀	
앍	앍		액	액		얄	얄	
앎	앎		앤	앤		얇	얇	
앓	앓		앨	앨		얌	얌	
암	암		앰	앰		얍	얍	
압	압		앱	앱		얏	얏	

양	양		언	언		억	억	
앝	앝		얼	얼		엎	엎	
앙	앙		읽	읽		에	에	
여	여		읊	읊		엑	엑	
얜	얜		엄	엄		엔	엔	
얠	얠		업	업		엘	엘	
얩	얩		없	없		엠	엠	
어	어		엇	엇		엡	엡	
억	억		었	었		엣	엣	
언	언		엉	엉		엥	엥	
엱	엱		엊	엊		여	여	

역	역		영	영		오	오	
억	억		옅	옅		옥	옥	
연	연		옆	옆		온	온	
열	열		옃	옃		올	올	
엶	엶		예	예		옭	옭	
엷	엷		옌	옌		옮	옮	
염	염		옐	옐		옰	옰	
엽	엽		옘	옘		옳	옳	
없	없		옙	옙		옴	옴	
엿	엿		옛	옛		옵	옵	
였	였		옜	옜		옷	옷	

● 관련 글자 쓰기

옹		왜			욉		
옻		왝			욋		
와		왠			욍		
왁		왬			요		
완		왯			욕		
왈		왱			온		
왑		외			욜		
왐		욐			옴		
왓		왼			욥		
왔		욀			옷		
왕		욈			용		

우	우		웍	웍		웹	웹	
욱	욱		원	원		웹	웹	
운	운		월	월		웽	웽	
울	울		웜	웜		위	위	
움	움		웝	웝		윅	윅	
움	움		웠	웠		윈	윈	
움	움		웡	웡		윌	윌	
웃	웃		워	워		윔	윔	
웅	웅		웍	웍		윕	윕	
워	워		웬	웬		윗	윗	
			웰	웰		윙	윙	

◉ 관련 글자 쓰기

읽	읽		작	작		잦	잦	
읽	읽		잔	잔		재	재	
잃	잃		잖	잖		잭	잭	
임	임		잗	잗		잰	잰	
입	입		잘	잘		잴	잴	
잇	잇		잚	잚		잼	잼	
있	있		잠	잠		잽	잽	
잉	잉		잡	잡		잿	잿	
잊	잊		잣	잣		쟀	쟀	
잎	잎		잤	잤		쟁	쟁	
자	자		장	장		쟈	쟈	

ㅈ 관련 글자 쓰기

쟉	쟉		젼	젼		젤	젤	
쟌	쟌		젿	젿		젬	젬	
쟝	쟝		졈	졈		젭	젭	
쟐	쟐		졈	졈		젯	젯	
쟘	쟘		졉	졉		졩	졩	
쟝	쟝		젓	젓		져	져	
쟤	쟤		졍	졍		젼	젼	
쟨	쟨		젖	젖		졀	졀	
쟬	쟬		제	제		졈	졈	
저	저		젝	젝		졉	졉	
젹	젹		젠	젠		졌	졌	

정	정		좃	좃		쫵	쫵	
제	제		좇	좇		죄	죄	
조	조		좋	좋		죈	죈	
족	족		좌	좌		죌	죌	
존	존		좍	좍		죔	죔	
졸	졸		좔	좔		죕	죕	
좀	좀		좝	좝		죗	죗	
좁	좁		좟	좟		죙	죙	
좃	좃		좡	좡		죠	죠	
종	종		좨	좨		죡	죡	
			좼	좼		죤	죤	

ㅈ 관련 글자 쓰기

종	종		줘	줘		준	준
주	주		줬	줬		줄	줄
죽	죽		줴	줴		줌	줌
준	준		쥐	쥐		즈	즈
줄	줄		쥑	쥑		죽	죽
쥼	쥼		쥔	쥔		준	준
쥼	쥼		쥘	쥘		줄	줄
줌	줌		쥠	쥠		줌	줌
줍	줍		쥡	쥡		즙	즙
줏	줏		쥣	쥣		줏	줏
중	중		쥬	쥬		증	증

ㅈ 관련 글자 쓰기

지	지		짙	짙		쨌	쨌	
직	직		짚	짚		쨍	쨍	
진	진		짜	짜		째	째	
짇	짇		짝	짝		쨱	쨱	
질	질		짠	짠		짼	짼	
짐	짐		짱	짱		쨀	쨀	
집	집		짤	짤		쨈	쨈	
집	집		짧	짧		쨉	쨉	
짓	짓		짬	짬		쨋	쨋	
징	징		짭	짭		쨌	쨌	
짖	짖		짯	짯		쨍	쨍	

짜	짜		쩡	쩡		쫏	쫏	
짠	짠		쩨	쩨		쫑	쫑	
짱	짱		쩽	쩽		쫓	쫓	
쩌	쩌		쩌	쩌		쫘	쫘	
쩍	쩍		쩠	쩠		쫙	쫙	
쩐	쩐		쪼	쪼		쫠	쫠	
쩔	쩔		쪽	쪽		쫬	쫬	
쩜	쩜		쫀	쫀		쫴	쫴	
쩝	쩝		쫄	쫄		쫬	쫬	
쩟	쩟		쫌	쫌		쬐	쬐	
쩠	쩠		쫍	쫍		쬔	쬔	

ㅈ-ㅊ 관련 글자 쓰기

쬘	쬘		쭤	쭤		찐	찐	
쬠	쬠		쭸	쭸		찔	찔	
쬡	쬡		쭹	쭹		찜	찜	
쬥	쬥		쮜	쮜		찝	찝	
쭈	쭈		쮸	쮸		찡	찡	
쭉	쭉		쯔	쯔		찢	찢	
쭌	쭌		쯤	쯤		찧	찧	
쭐	쭐		쯧	쯧		차	차	
쭘	쭘		쯩	쯩		착	착	
쭙	쭙		찌	찌		찬	찬	
쭝	쭝		찍	찍		참	참	

찰	찰		챔	챔		처	처	
참	참		챕	챕		척	척	
찹	찹		챗	챗		천	천	
찻	찻		챘	챘		철	철	
찼	찼		챙	챙		첨	첨	
창	창		챠	챠		첩	첩	
찾	찾		챤	챤		첫	첫	
채	채		챵	챵		쳤	쳤	
책	책		찰	찰		청	청	
챈	챈		참	참		체	체	
챌	챌		창	창		첵	첵	

촬	쳉	첸
촹	초	첼
죄	축	쳅
촨	춘	쳽
촬	출	쳇
촵	춤	쳉
촷	춥	쳐
최	춧	쳔
쳉	총	쳤
초	촤	쳬
춤	촨	쳰

| | | 추 축 춘 출 춤 춥 츳 충 취 첫 췌 | | | 첸 취 천 철 첨 칩 첫 청 추 춘 출 | | | 춤 충 ㅊ 측 춘 출 춤 춥 츳 충 치 |

칙	칙		칸	칸		캡	캡	
친	친		칼	칼		캣	캣	
친	친		캄	캄		캤	캤	
칠	칠		캅	캅		캥	캥	
칡	칡		캇	캇		캬	캬	
침	침		캉	캉		캭	캭	
칩	칩		캐	캐		캭	캭	
칫	칫		캑	캑		커	커	
칭	칭		캔	캔		컥	컥	
카	카		캘	캘		컨	컨	
칵	칵		캠	캠		컫	컫	

ㅋ 관련 글자 쓰기

컬	컬		켑	켑		켸	켸	
컴	컴		켓	켓		코	코	
컵	컵		켕	켕		콕	콕	
컷	컷		켜	켜		콘	콘	
컸	컸		켠	켠		콜	콜	
컹	컹		켤	켤		콤	콤	
케	케		켬	켬		콥	콥	
켁	켁		켭	켭		콧	콧	
켄	켄		켯	켯		콩	콩	
켈	켈		켰	켰		콰	콰	
켐	켐		켱	켱		콱	콱	

콴	콴		쿤	쿤		퀭	퀭	
콸	콸		쿨	쿨		쿼	쿼	
쾀	쾀		쿰	쿰		퀵	퀵	
쾅	쾅		쿱	쿱		퀀	퀀	
쾌	쾌		쿳	쿳		퀄	퀄	
쾡	쾡		쿵	쿵		쿰	쿰	
쾨	쾨		쿼	쿼		쿱	쿱	
퀼	퀼		퀀	퀀		쿳	쿳	
쿄	쿄		퀄	퀄		쿵	쿵	
쿠	쿠		쿵	쿵		큐	큐	
쿡	쿡		퀘	퀘		쿤	쿤	

쿨	쿨		킨	킨		탑	탑	
쿰	쿰		킬	킬		탑	탑	
크	크		킴	킴		탓	탓	
쿡	쿡		킵	킵		탔	탔	
큰	큰		킷	킷		탕	탕	
클	클		킹	킹		태	태	
큼	큼		타	타		택	택	
큽	큽		탁	탁		탠	탠	
콩	콩		탄	탄		탤	탤	
키	키		탈	탈		탬	탬	
킥	킥		탉	탉		탭	탭	

ㅌ 관련 글자 쓰기

탯	탯		텁	텁		텡	텡	
탰	탰		텃	텃		텨	텨	
탱	탱		텄	텄		텬	텬	
탸	탸		텅	텅		텄	텄	
탕	탕		테	테		톄	톄	
터	터		텍	텍		톈	톈	
턱	턱		텐	텐		토	토	
턴	턴		텔	텔		톡	톡	
털	털		텝	텝		톤	톤	
텀	텀		텝	텝		톨	톨	
텀	텀		텟	텟		톰	톰	

ㅌ 관련 글자 쓰기

| 톱 톳 통 톺 톼 퇀 퇘 퇴 퇁 툇 툉 | 톱 톳 통 톺 톼 퇀 퇘 퇴 퇁 툇 툉 | | 툐 투 툭 툰 툴 툼 툽 툿 퉁 퉈 퉜 | 툐 투 툭 툰 툴 툼 툽 툿 퉁 퉈 퉜 | | 퉤 튀 튁 튄 튈 튐 튑 튕 튜 튠 튤 | 퉤 튀 튁 튄 튈 튐 튑 튕 튜 튠 튤 | |

ㅌ-ㅍ 관련 글자 쓰기

툼	툼		틱	틱		팃	팃	
퉁	퉁		튄	튄		팅	팅	
트	트		틸	틸		파	파	
특	특		팀	팀		팍	팍	
튼	튼		팁	팁		팎	팎	
틀	틀		티	티		판	판	
틂	틂		틱	틱		팔	팔	
틈	틈		틴	틴		팖	팖	
틉	틉		틸	틸		팜	팜	
틋	틋		팁	팁		팝	팝	
			팁	팁		팟	팟	

팠	팠		팽	팽		펑	펑	
팡	팡		파	파		페	페	
팥	팥		팍	팍		픽	픽	
퍼	퍼		퍼	퍼		편	편	
픽	픽		픽	픽		펠	펠	
팬	팬		편	편		펨	펨	
펠	펠		펠	펠		펩	펩	
펨	펨		펨	펨		펫	펫	
펩	펩		펩	펩		펑	펑	
펫	펫		펫	펫		펴	펴	
팼	팼		팼	팼		편		

	펼			푼			푼	
	폄			풀			풀	
	펻			품			풉	
	펐			풋			풋	
	평			퐁			푸	
	폐			퐈			푹	
	펠			퐝			푼	
	폅			퐌			풀	
	폣			표			품	
	포						품	
	폭							

피 픽 핀 필 핌 핍 핏 핑 하 학 한

푼 풀 쿔 풋 풍 파 픈 플 픔 풋

픕 풋 풍 풔 퓡 풔 퓐 퓔 퓜 퓟 퓨

험 협 헛 형 헤 혁 헌 헬 햄 헙 헷

햅 햇 했 행 햐 향 허 혁 헌 혈 험

할 핥 함 합 핫 항 해 핵 한 핼 햄

홍		현	형
홑		헐	혀
화		협	혁
확		호	현
환		혹	혈
활		혼	협
홧		홀	헛
황		훕	혔
회		홈	형
획		홋	혜
홱			

	휘 훤 훨 훰 횡 휘 훽 훤 훨 횅 휘		홀 홉 훗 훈 훌 훔 훗 훙		횟 횅 회 획 환 횔 횝 횟 횡 횘 훈

ㅎ 관련 글자 쓰기

획 휀 휄 휌 휏 휑 휴 훅 훈 휼

흄 흣 흥 히 흔 흫 흘 흡

흡 흣 흥 흩 히 흰 흴 흼 흿 히

ㅎ 관련 글자 쓰기

힉	힉		힐	힐		힙	힙	
힌	힌		힘	힘		힛	힛	
힝	힝							

ㄱ 가 각 간 갇 갈 갉 갊 감 갑 값 갓 갔 강 갖 갗 같 갚 갛 개 객 갠 갤 갬
갭 갯 갰 갱 갸 갹 갼 걀 걋 걔 걘 걜 거 걱 건 걷 걸 걺 검 겁 것 겄 겅
겆 겉 겊 겋 게 겐 겔 겜 겝 겟 겠 겡 겨 격 겪 견 겯 결 겸 겹 겻 겼 경 곁
계 곈 곌 곕 곗 고 곡 곤 곧 골 곪 곬 곯 곰 곱 곳 공 곶 과 곽 관 괄 괆
괌 괍 괏 광 괘 괜 괠 괩 괬 괭 괴 괵 괸 괼 굄 굅 굇 굉 교 굔 굘 굡 굣 구 국
군 굳 굴 굵 굶 굻 굼 굽 굿 궁 궂 궈 궉 권 궐 궜 궝 궤 궷 귀 귁 귄 귈 귐
귑 귓 규 균 귤 그 극 근 귿 글 긁 금 급 긋 긍 긔 기 긱 긴 긷 길 긺 김 깁
깃 깅 깆 깊 까 깍 깎 깐 깔 깖 깜 깝 깟 깠 깡 깥 깨 깩 깬 깰 깸 깹 깻 깼
깽 꺄 꺅 꺌 꺼 꺽 꺾 껀 껄 껌 껍 껏 껐 껑 께 껙 껜 껨 껫 껭 껴 껸 껼 꼇
꼈 꼍 꼐 꼬 꼭 꼰 꼲 꼴 꼼 꼽 꼿 꽁 꽂 꽃 꽈 꽉 꽐 꽜 꽝 꽤 꽥 꽹 꾀 꾄
꾈 꾐 꾑 꾕 꾜 꾸 꾹 꾼 꿀 꿇 꿈 꿉 꿋 꿍 꿎 꿔 꿜 꿨 꿩 꿰 꿱 꿴 꿸 뀀
뀁 뀄 뀌 뀐 뀔 뀜 뀝 뀨 끄 끅 끈 끊 끌 끎 끓 끔 끕 끗 끙 끝 끼 끽 낀 낄
낌 낍 낏 낑 **ㄴ** 나 낙 낚 난 낟 날 낡 낢 남 납 낫 났 낭 낮 낯 낱 낳 내 낵
낸 낼 냄 냅 냇 냈 냉 냐 냑 냔 냘 냠 냥 너 넉 넋 넌 널 넒 넓 넘 넙 넛 넜
넝 넣 네 넥 넨 넬 넴 넵 넷 넸 넹 녀 녁 년 녈 념 녑 녔 녕 녘 녜 녠 노 녹
논 놀 놂 놈 놉 놋 농 높 놓 놔 놘 놜 놨 뇌 뇐 뇔 뇜 뇝 뇟 뇨 뇩 뇬 뇰 뇹
뇻 뇽 누 눅 눈 눋 눌 눔 눕 눗 눙 눠 눴 눼 뉘 뉜 뉠 뉨 뉩 뉴 뉵 뉼 늄 늅
늉 느 늑 는 늘 늙 늚 늠 늡 늣 능 늦 늪 늬 늰 늴 니 닉 닌 닐 닒 님 닙 닛
닝 닢 **ㄷ** 다 닥 닦 단 닫 달 닭 닮 닯 닳 담 답 닷 닸 당 닺 닻 닿 대 댁 댄
댈 댐 댑 댓 댔 댕 댜 더 덕 덖 던 덛 덜 덞 덟 덤 덥 덧 덩 덫 덮 데 덱 덴
델 델 뎁 뎃 뎄 뎅 뎌 뎐 뎔 뎠 뎡 뎨 뎬 도 독 돈 돋 돌 돎 돐 돔 돕 돗 동
돛 돝 돠 돤 돨 돼 됐 되 된 될 됨 됩 됫 됴 두 둑 둔 둘 둠 둡 둣 둥 둬 뒀
뒈 뒝 뒤 뒨 뒬 뒵 뒷 뒹 듀 듄 듈 듐 듕 드 득 든 듣 들 듦 듬 듭 듯 등 디
디 딕 딘 딛 딜 딤 딥 딧 딨 딩 딪 따 딱 딴 딸 땀 땁 땃 땄 땅 땋 때 땍 땐

땔 땜 땝 땟 땠 땡 떠 떡 떤 떨 떪 떫 떰 떱 떳 떴 떵 떻 떼 떽 뗀 뗄 뗌 뗍
뗏 뗐 뗑 뗘 뗐 또 똑 똔 똘 똥 똬 똴 뙈 뙤 뛴 뚜 뚝 뚠 뚤 뚫 뚬 뚱 뛔 뛰
뛴 뛸 뜀 뜁 뜅 뜌 뜨 뜩 뜬 뜯 뜰 뜸 뜹 뜻 띄 띈 띌 띔 띕 띠 띤 띨 띰 띱 띳
띵 **ㄹ** 라 락 란 랄 람 랍 랏 랐 랑 랗 랅 랗 래 랙 랜 랠 램 랩 랫 랬 랭 랴
략 랸 럇 량 러 럭 런 럴 럼 럽 럿 렀 렁 렇 레 렉 렌 렐 렘 렙 렛 렝 려 력
련 렬 렴 렵 렷 렸 령 례 렌 렙 렛 로 록 론 롤 롬 롭 롯 롱 롸 롼 뢍 뢨 뢰
뢴 룈 룀 룁 룃 룅 료 룐 률 룝 룟 룡 루 룩 룬 룰 룸 룹 룻 룽 뤄 뤘 뤠 뤼
뤽 륀 륄 륌 륏 륑 류 륙 륜 률 륨 륩 륫 륭 르 륵 른 를 름 릅 릇 릉 릋 릍
릏 리 릭 린 릴 림 립 릿 링 **ㅁ** 마 막 만 많 맏 말 맑 맒 맘 맙 맛 망 맞 맡
맣 매 맥 맨 맬 맴 맵 맷 맸 맹 맷 먀 먁 먈 먕 머 먹 먼 멀 멂 멈 멉 멋 멍
멎 멓 메 멕 멘 멜 멤 멥 멧 멨 멩 며 먁 면 멸 몃 몄 명 몇 몌 모 목 몫 몬
몰 몱 몸 몹 못 몽 뫄 뫈 뫘 뫙 뫼 묀 묄 묍 묏 묑 묘 묜 묠 묩 못 무 묵 묶
문 묻 물 묽 묾 뭄 뭅 뭇 뭉 뭍 뭏 뭐 뭔 뭘 뭠 뭣 뭬 뭬 뮈 뮌 뮐 뮤 뮨 뮬 뮴
뮷 므 믄 믈 믐 믓 미 믹 민 믿 밀 밂 밈 밉 밋 밌 밍 및 밑 **ㅂ** 바 박 밖 밗
반 받 발 밝 밟 밡 밤 밥 밧 방 밭 배 백 밴 밸 뱀 뱁 뱃 뱄 뱅 뱉 뱌 뱍 뱐
뱝 버 벅 번 벋 벌 벎 범 법 벗 벙 벚 베 벡 벤 벧 벨 벰 벱 벳 벴 벵 벼 벽
변 별 볍 볏 볐 병 볕 볘 볜 보 복 볶 본 볼 봄 봅 봇 봉 봐 봔 봤 봬 뵀 뵈
뵉 뵌 뵐 뵘 뵙 뵤 뵨 부 북 분 붇 불 붉 붊 붐 붑 붓 붕 붙 붚 붜 뷜 뷨 붸
뷔 뷕 뷘 뷜 뷩 뷰 뷴 뷸 븀 븃 븅 브 븍 븐 블 블 븜 븝 븟 비 빅 빈 빌 빎 빔
빕 빗 빙 빚 빛 빠 빡 빤 빨 빪 빰 빱 빳 빴 빵 빻 빼 빽 뺀 뺄 뺌 뺍 뺏 뺐
뺑 뺘 뺙 뺨 뻐 뻑 뻔 뻗 뻘 뻠 뻣 뻤 뻥 뻬 뻴 뼈 뼉 뼘 뼙 뼛 뼜 뼝 뽀 뽁
뽄 뽈 뽐 뽑 뽕 뾔 뾰 뽕 뿌 뿍 뿐 뿔 뿜 뿟 뿡 뿌 뿡 쁘 쁜 쁠 쁨 쁩 비 삑
삔 삘 삠 삡 삣 삥 **ㅅ** 사 삭 삯 산 삳 살 삵 삶 삼 삽 삿 샀 상 샅 새 색 샌
샐 샘 샙 샛 샜 생 샤 샥 샨 샬 샴 샵 샷 샹 섀 섄 섈 섐 생 서 석 섞 섟 선
섣 설 섧 섦 섬 섭 섯 섰 성 섶 세 섹 센 셀 셈 셉 셋 셌 셍 셔 셕 션 셜 셤
셥 셧 셨 셩 셰 셴 셸 솅 소 속 솎 손 솔 솖 솜 솝 솟 송 솥 솨 솩 솬 솰 쌍

쇄 쇈 쇌 쇔 쇗 쇘 쇠 쇤 쇨 쇰 쇱 쇳 쇼 쇽 숀 숄 숌 숍 숏 숑 수 숙 순 숟
술 숨 숩 숫 숭 숯 숱 숲 쉬 쉈 쉐 쉑 쉔 쉘 쉠 쉥 쉬 쉭 쉰 쉴 쉼 쉽 쉿 슁
슈 슉 슐 슘 슛 슝 스 슥 슨 슬 슭 슴 습 슷 승 시 식 신 싣 실 싫 심 십 싯
싱 싶 싸 싹 싻 싼 쌀 쌈 쌉 쌌 쌍 쌓 째 쨱 쌘 쌜 쌤 쌥 쌨 쌩 썅 써 썩 썬
썰 썲 썸 썹 썼 썽 쎄 쎈 쎌 쎈 소 속 손 솓 솔 솖 솜 솝 송 솟 솨 솩 솬 솼 쐐
쐤 쐬 쐰 쐴 쐼 쐽 쑈 쑤 쑥 쑨 쑬 쑴 쑵 쑹 쒀 쒔 쒜 쒸 쒼 쑹 쓰 쓱 쓴 쓸
쓺 쓿 씀 씁 씌 씐 씔 씜 씨 씩 씬 씰 씸 씹 씻 씽 **ㅇ** 아 악 안 앉 않 알 앍
앎 앓 암 압 앗 았 앙 앝 앞 애 액 앤 앨 앰 앱 앳 앴 앵 야 약 얀 얄 얇 얌
얍 얏 양 얕 얗 애 앤 얠 얩 어 억 언 얹 얻 얼 얽 얾 엄 업 없 엇 었 엉 엊
억 엎 에 엑 엔 엘 엠 엡 엣 엥 여 역 엮 연 열 엶 엷 염 엽 엾 엿 였 영 옅
옆 옇 예 옌 옐 옘 옙 옛 옜 오 옥 온 올 옭 옮 옰 옳 옴 옵 옷 옹 옻 와 왁
완 왈 왐 왑 왓 왔 왕 왜 왝 왠 왬 왯 왱 외 왹 왼 욀 욈 욉 욋 욍 요 욕 욘
욜 욤 욥 욧 용 우 욱 운 울 욹 욺 움 웁 웃 웅 워 웍 원 월 웜 웝 웠 웡 웨
웩 웬 웰 웸 웹 웽 위 윅 윈 윌 윔 윕 윗 윙 유 육 윤 율 윰 윱 윳 융 윷 으
윽 은 을 읊 음 읍 읏 응 읒 읓 윽 읕 읖 읗 의 읜 읠 읨 읫 이 익 인 일 읽
읾 잃 임 입 잇 있 잉 잊 잎 **ㅈ** 자 작 잔 잖 잗 잘 잚 잠 잡 잣 잤 장 잦 재
잭 잰 잴 잼 잽 잿 쟀 쟁 쟈 쟉 쟌 쟎 쟐 쟘 쟤 쟨 쟬 저 적 전 절 젊 점
접 젓 정 젖 제 젝 젠 젤 젬 젭 젯 젱 져 젼 졀 졈 졉 졌 경 계 조 족 존 졸
졺 좀 좁 좃 종 좆 좇 좋 좌 좍 좔 좝 좟 좡 좨 좼 좽 죄 죈 죌 죔 죕 죗 죙
죠 죡 죤 종 주 죽 준 줄 줅 줆 줌 줍 줏 중 줘 줬 줴 쥐 쥑 쥔 쥘 쥠 쥡 쥣
쥬 쥰 쥴 쥼 즈 즉 즌 즐 즘 즙 즛 증 지 직 진 짇 질 짊 짐 집 짓 징 짖 짙
짚 짜 짝 짠 짢 짤 짧 짬 짭 짯 짰 짱 째 짹 짼 쨀 쨈 쨉 쨋 쨌 쨍 쨔 쨘 쨩
쩌 쩍 쩐 쩔 쩜 쩝 쩟 쩠 쩡 쩨 쩽 쪄 쪘 쪼 쪽 쫀 쫄 쫌 쫍 쫏 쫑 쫓 쫘 쫙
쫠 쫬 쫴 쫬 쬐 쬔 쬘 쬠 쬡 쫑 쭈 쭉 쭌 쭐 쭘 쭙 쭝 쭤 쭸 쭹 쮜 쮸 쓰 쯤
쯧 쯩 찌 찍 찐 찔 찜 찝 찡 찢 찧 **ㅊ** 차 착 찬 찮 찰 참 찹 찻 찼 창 찾 채
책 챈 챌 챔 챕 챗 챘 챙 챠 챤 챦 챨 챰 챵 처 척 천 철 첨 첩 첫 첬 청 체

책 첸 첼 쳄 쳅 쳇 쳉 쳐 쳔 쳤 체 첸 쳉 초 촉 촌 촐 촘 촙 촛 총 촤 촨 촬
촹 최 췬 췰 췸 췹 췻 칭 쵸 춈 추 축 춘 출 춤 춥 춧 충 춰 췄 췌 췐 취 췬
칠 췸 췹 췻 칭 츄 춘 츌 츔 츙 츠 측 츤 츨 츰 츱 츳 층 치 칙 친 친 칠 칡
침 칩 칫 칭 ㅋ 카 각 간 칼 감 캅 캇 캉 캐 캑 캔 캘 캠 캡 캣 캤 캥 캬 캭
캴 키 킥 킨 킨 킬 킴 킵 킷 컸 킹 케 켁 켄 켈 켐 켑 켓 켕 켜 켠 켤 켬 켭
켯 켰 켱 켸 코 콕 콘 콜 콤 콥 콧 콩 콰 콱 콴 콸 쾀 쾅 쾌 쾡 쾨 쾰 교 쿠
쿡 쿤 쿨 쿰 쿱 쿳 쿵 쿼 퀸 퀼 퀭 퀘 퀭 퀴 퀵 퀸 퀼 큄 큅 큇 큉 큐 균 귤
귬 크 큭 큰 클 큼 큽 킁 키 킥 킨 킬 킴 킵 킷 킹 ㅌ 타 탁 탄 탈 탉 탐 탑
탓 탔 탕 태 택 탠 탤 탬 탭 탯 탰 탱 탸 탕 터 턱 턴 털 턻 텀 텁 텃 텄 텅
테 텍 텐 텔 템 텝 텟 텡 텨 텬 텼 톄 톈 토 톡 톤 톨 톰 톱 톳 통 톺 톼 퇀
퇘 퇴 퇸 툇 툉 툐 투 툭 툰 툴 툼 툽 툿 퉁 퉈 퉜 퉤 튀 튁 튄 튈 튐 튑 튕
튜 튠 튤 튬 튱 트 특 튼 튿 틀 틂 틈 틉 틋 틔 틘 틜 틤 틥 티 틱 틴 틸 팀
팁 팃 팅 ㅍ 파 팍 퐈 판 팔 팖 팜 팝 팟 팠 팡 팥 패 팩 팬 팰 팸 팹 팻 팼
팽 퍄 퍅 퍼 퍽 펀 펄 펌 펍 펏 펐 펑 페 펙 펜 펠 펨 펩 펫 펭 펴 편 펼 폄
폅 폈 평 폐 펠 폡 폣 포 폭 폰 폴 폼 폽 폿 퐁 퐈 퐝 푀 푄 표 푠 풀 품 풋
푸 푹 푼 푿 풀 품 품 풉 풋 풍 풔 풩 퓌 퓐 퓔 퓜 퓟 퓨 퓬 퓰 퓸 퓻 프
픈 플 픔 픕 픗 피 픽 핀 필 핌 핍 핏 핑 ㅎ 하 학 한 할 핤 함 합 핫 항 해
핵 핸 핼 햄 햅 햇 했 행 햐 향 허 헉 헌 헐 헒 험 헙 헛 헝 헤 헥 헨 헬 헴
헵 헷 헹 혁 혁 현 혈 혐 협 혓 혔 형 혜 혠 헬 헵 혯 호 혹 혼 홀 홅 홈 홉 홋
홍 홑 화 확 환 활 홧 황 홰 홱 홴 횃 행 회 획 횐 횔 횝 횟 횡 효 횬 횰 횹
횻 후 훅 훈 훌 훑 훔 훗 훙 훠 훤 훨 훰 훵 훼 획 휀 휄 휑 휘 획 휜 휠 휨
휩 휫 휭 휴 휵 훈 휼 흄 흇 흉 흐 흑 흔 흖 흗 흘 흙 흠 흡 흣 흥 흝 희 흰
흴 흼 흽 힁 히 힉 힌 힐 힘 힙 힛 힝

훈민정음 경필쓰기 채점표

※응시자는 ★표시가 된 응시자 성명과 응시등급만 적으세요.

응시자 성명★	응시등급★	수험번호
	급	

분야	심사항목	배정 점수	심사위원별 점수			총점
			(1)	(2)	(3)	
쓰기	필기규범	15				
	오자유무	10				
필획	필법의 정확성	15				
	필획의 유연성	10				
결구	균형	15				
	조화	10				
창의	서체의 창의성	10				
	전체의 통일성	15				
	총점	100				

※ 〈쓰기〉분야의 오자유무 심사항목은 각 급수 공히 오자 한 글자 당 1점 감점

	심사위원(1)		심사위원(2)		심사위원(3)		결과
	성명	날인	성명	날인	성명	날인	
확인		㉮		㉮		㉮	

20 년 월 일

 사단법인 훈민정음기념사업회 이사장

훈민정음 경필쓰기 검정 응시원서

※접수번호		※접수일자	202 년 월 일		
성 명	한글) 　　　　　　한자)				사진 (3×4) * 사범과 특급 응시자는 반드시 첨부
생년월일	년 월 일	성별	□남자 □여자		
연 락 처				* 반드시 연락 가능한 전화번호로 기재하세요	
E-mail					
집 주 소	우)				
응시등급	□사범　□특급　□1급　□2급　□3급 □4급　□5급　□6급　□7급　□8급				
소 속				* 초·중·고 참가자는 학교명과 학년반을 반드시 기록하고, 일반부는 대학명 또는 직업 기재	

위와 같이 사단법인 훈민정음기념사업회가 시행하는

제　　회 훈민정음 경필쓰기 검정에 응시하고자 원서를 제출합니다.

20　　년　　월　　일

응시자 : 　　　　　　㊞

사단법인 **훈민정음기념사업회** 귀중

훈민정음경필쓰기 검정 5급용 응시 원고

본문의 2350개의 낱자 중에서 응시자가 200자를 선택하여 제시된 〈5급용 응시 원고〉에 정성들여 써서 제출하면 됩니다.
단, 글자가 중복되지 않아야 하며 연속으로 200자를 써야합니다.

수험번호 :   응시자성명 :

		생년월일	
성명		전화번호	

훈민정음 노래

시 박재성

삼천리 금수강산 터전을 잡고
반만년 오랜 역사 이어온 겨레
거룩한 세종대왕 등극하신 후
무지한 백성들을 어여삐 여겨
새롭게 만든 문자 훈민정음은
누구나 쉽게 배워 쓸 수 있다네

천지간 음양오행 원리에 기초
천문도 이십팔개 별자리 같이
자모음 이십팔자 글자의 모양
볼수록 아름답게 자연을 담은
신비한 창제 원리 훈민정음은
수많은 글자 중에 으뜸이라네

하늘땅 사람의 도(道) 이치를 담고
대우주 기운 품은 하늘의 소리
세상의 온갖 소리 쓸 수 있기에
새 세상 밝혀주는 스물여덟자
위대한 소리 글자 훈민정음은
세계화 물결 속의 으뜸이라네

世宗 御製 訓民正音
세종 어엉 졩졍 훈 민 졍 픔